남몰래 세상을 바꾼 용기
비밀 학교

Originally published as **Secret Schools: True Stories of the Determination to Learn**
Text ⓒ Heather Camlot, 2022
Illustrations ⓒ Erin Taniguchi, 2022
Korean edition published with permission from Owlkids Books Inc., Toronto Ontario CANADA
All rights reserved. No part of this publication may be reproduced, stored in a retrieval system,
or transmitted in any form or by any means, electronic, mechanical photocopying, sound recording,
or otherwise, without the prior written permission of Bookstory Publishing Co
This edition was published by arrangement with Icarias Agency.

이 책의 한국어판 저작권은 Icarias Agency를 통해 Owlkids Books Inc.와 독점 계약한 북스토리에 있습니다.
저작권법에 의하여 한국 내에서 보호를 받는 저작물이므로 무단전재와 무단복제를 금합니다.

남몰래 세상을 바꾼 용기
비밀학교

헤더 캠로트 글 | 에린 타니구치 그림 | 신소희 옮김

북스토리

감사의 말

어린이를 위한 논픽션 쓰는 법을 비밀리에 제게 가르쳐 준 편집자 스테이시 로더릭이 아니었다면 이 책은 존재할 수 없었을 것입니다.

내 기획안을 받아들여 준 오울키즈 북스(Owlkids Books) 발행인 캐런 보어스마와 전 편집장 캐런 리에게 감사드립니다.

이 책이 독자들에게 닿을 수 있도록 노고를 아끼지 않은 오울키즈 북스 여러분에게 감사를 전합니다. 놀라운 판화 일러스트 작업을 해 준 에린 타니구치, 뛰어난 레이아웃을 보여 준 디자이너 대니얼 아버, 예리한 안목을 보여 준 교열 담당자 켈리 호프에게 감사드립니다.

내 친구들과 가족들에게도 고마움을 전하고 싶습니다. 스페인어 자료를 번역해 준 마샤 모신스키, 초고를 읽어 준 샬린 와이즈먼, 저를 응원해 준 남편 마크, 우리 아이들 앨릭스와 줄리아나.

마지막으로 평생 학교의 중요성을 굳게 믿으며 표현해 오신 우리 부모님에게 감사드립니다.

— 헤더 캠로트

저의 예술적 여정을 지지해 주신 부모님, 수와 론에게 감사를 전합니다.

— 에린 타니구치

차례

머리말   6

1장   8
문화적 연결 – 정체성을 지키다

2장   22
희망과 존엄 – 노예 제도와 억압을 떨쳐 내다

3장   36
여성의 권리 – 성 평등을 위해 연대하다

4장   50
첩보원 양성 – 숨어들어 정찰하다

5장   64
급진적 교육 – 새로운 길로 나아가다

맺음말   78

인용 출처   81
참고 자료   82

머리말

> **여러분은 비밀을 지킬 수 있나요?**

하지만 그 비밀 때문에 어디로 가는지 아무도 모르게 한밤중에 집을 떠나야 한다면 어떨까요? 정부로부터 숨어 가족과도 연락하지 못한다면? 구속되거나 심지어 죽을 위험도 무릅써야 한다면?

그런데 그 비밀이 **학교**에 다니는 것이라면?

이 책을 통해 여러분은 가르치는 것이 불법이었을 때도 남몰래 문을 열고 아이와 어른을 받아들인 수업들을 엿보게 됩니다. 배움을 향한 열망을 채우고, 더 나은 미래를 준비하고, 문화유산을 이어가고, 국가와 동료 시민을 지키기 위해 얼마나 많은 사람들이 얼마나 많은 노력을 했는지, 그리고 지금도 하고 있는지 알게 되겠지요.

이 책의 각 장에서는 사람들이 몰

래 교육을 받아야 했던 다양한 이유를 하나씩 살펴보겠습니다. 미국 흑인 노예, 유럽 유대인, 몸은 갇혀 있어도 마음만은 자유롭게 공부할 수 있었던 남아프리카 정치범을 만나요. 비밀 학교를 통해 언어와 문화적 정체성을 지킨 세계 여러 공동체를, 여성을 교육하는 것이 금지된 국가에서 정부에 대항하여 배움에 나선 여성들을 찾아가요. 적국뿐만 아니라 국민들에게도 알려져서는 안 되었던 첩보원 훈련소 세 곳도 둘러봐요. 마지막으로 미국 억만장자, 한국 대학생, 그리고 인도네시아 정부가 주관했던 은밀한 대안 교육 기관들을 살펴볼 거예요.

비밀 학교들이 생겨난 이유 중에는 놀라운 것도 있고 충분히 이해할 만한 것도 있으며 이해하기 어려운 것도 있어요. 하지만 이런 학교에 다닌 모든 사람들에게 은밀한 수업은 그들이 바라거나 필요로 했던 교육을 받기 위한 최선의 선택이자 때로는 유일한 선택이기도 했답니다.

문화적 연결

정체성을 지키다

우리가 배우는 모국어는 가족이나 친구와 이야기하는 수단만이 아닙니다. 우리가 속한 사회나 문화와의 연결 고리이기도 하지요. 브라질로 이주한 일본인 노동자, 에콰도르 원주민, 러시아에 지배당한 리투아니아 사람들은 정부에서 모국어 교육을 탄압하자 저항에 나섰어요. 비밀 학교를 만들어 모국어를 가르치고 문화 정체성을 더욱 튼튼히 다졌답니다.

리투아니아의 서적 밀수업자들

밀수업자들이 국경 수비대와 러시아 경찰을 피해 한밤중에 리투아니아로 돌아왔습니다. 잡히면 채찍질을 당하거나, 총살이나 수감에 처해지거나, 혹은 머나먼 시베리아로 유배를 떠날 수도 있었으니까요. 그런데 이들은 왜 40년 동안이나 이러한 처벌을 감수했던 걸까요? 동료 시민들에게 비밀리에 리투아니아의 역사, 문화, 언어를 가르치는 데 필요한 책을 들여오기 위해서였답니다.

리투아니아 사람들은 1863년 러시아에 맞서 봉기를 일으켰지만 실패하고 말았습니다. 그 이후로 러시아 황제 차르는 리투아니아어로 가르치는 학교와 리투아니아어 책 인쇄를 금지했어요. 그 대신 러시아의 규범과 문화를 리투아니아에 주입하려 했지요.

하지만 이 정책은 더욱 강한 저항만을 불러 일으켰답니다.

리투아니아 주교 모티에유스 발란치우스는 교사들이 계속

리투아니아어를 가르칠 수 있도록 전국에 비밀 학교 조직망을 구축하는 일을 도왔습니다. 어머니들은 집에서 아이들에게 리투아니아어 읽고 쓰는 법을 몰래 가르쳤지요. 아이들은 계속 러시아어 공립학교에 다녔지만 집에 가면 리투아니아어 비밀 수업이 **진짜** 수업임을 명심하라는 말을 듣곤 했어요.

그러나 이렇게 비밀 수업을 하려면 리투아니아어 책이 필요했지요. 주교는 수요를 채우기 위해 책을 몇 권 썼고 이웃 나라 동프로이센에 돈을 보내서 특별한 인쇄기를 만들게 했습니다. 수천 명에 달하는 밀수업자 중에는 글을 읽고 쓸 줄 모르는 사람들도 있었지만, 이들은 교과서든 달력이든 가리지 않고 손에 닿는 대로 책을 구해 왔어요. 이렇게 책 수백만 권이 리투아니아로 들어왔습니다. 심지어 육로로 수천 킬로미터를 이동하고 대양을

11

건너가야 하는 미국에서도 책을 가져왔지요.

 사실상 모든 마을과 도시에서 운영된 비밀 학교는 리투아니아 문화를 지키는 데 도움이 되었을 뿐만 아니라, 읽고 쓸 줄 아는 시민 비율을 러시아 제국에서도 가장 높은 수준으로 끌어올렸답니다.

리투아니아어 책 금지령은 1904년에 해제되었습니다. 러시아 제국에서 마침내 정책이 실패했음을 인정한 것이지요 (러시아가 일본과 전쟁을 시작하면서 제국 내의 충성과 평화를 바라기도 했고요). 도서 밀수업자였던 유오자스 마슐리스는 1905년에 'J. 마슐료 크니기나스' 서점을 열었습니다. 그리고 암흑기에도 모국어를 몰래 가르치고 지켜 온 사람들에게 합법적으로 책을 보급하기 시작했죠. 이 서점은 오늘날에도 여전히 존재한답니다.

발란치우스 주교와 함께 일한 밀수업자 중에는 리투아니아에서 가장 큰 도서 밀수 조직을 만든 유르기스 비엘리니스도 있었습니다. 비엘리니스와 그의 동료들은 동프로이센에서 사비로 교과서와 소설책을 구입하여 리투아니아 전역에 배포했지요. 리투아니아 사람들은 모국어 수호 투쟁에 대한 비엘리니스의 기여를 존중하여 그의 생일인 3월 16일을 크니그네시오 디에나(Knygnešio diena) 즉 '서적 유통업자의 날'로 기념하고 있습니다.

브라질의 일본인 노동자들

1908년 6월 18일 브라질 산투스에 배 한 척이 도착했습니다. 아득히 먼 일본에서 노동자들을 싣고 온 배였어요. 일본인 1차 이주 노동자들은 대부분 커피 농장에서 돈을 벌어 최대한 빨리 귀국하고 싶어 했습니다. 하지만 그들은 머지않아 농장에서 버는 돈으로 먹고살며 저축까지 하는 건 거의 불가능하다는 점을 깨닫게 되었지요.

그래서 많은 이주 노동자들이 기회가 생기는 대로 땅을 사거나 빌리기 시작했습니다. 금세 일본 이주민 공동체가 형성되었고, 이주민들의 자녀가 고국으로 돌아갈 때 필요할 일본어를 가르치는 학교가 세워졌어요. 그중 일부는 브라질의 국어인 포르투갈어도 배웠답니다.

1930년까지 일본인 10만여 명이 브라질로 이주했습니다. 하지만 그해 브라질에 새로운 정부가 집권하면서 인종 차별적인 분위기를 조성했어요. 십 년도 지나기 전에 14세 미만 어린이가 외국어를 배우는 것이 금지되었습니다. 그리하여 일본인 학교 수백 곳이 문을 닫았고 일본계 어린이 3만여 명이 일본어를 배울 수 없게 되었지요.

하지만 그렇다고 이주민들이 아동 교육을 중단하지는 않았습니다. 그들은 아이들을 몰래 가르치기 시작했죠. 부모들은 집에서 비밀리에 일본어와 일본 문화를 가르쳤고, 전직 교사들도 이곳저곳 옮겨다니며 판잣집이나 차고에 숨어 수업을 했습니다. 이 기간 동안 아이들은 당국에 신고당할까 봐 두려워했습니다. 충분히 그럴 만했어요. 이웃사람들은 일본인 아이들이 몇 명만 모여 있어도 일본어 수업을 받는 거라 생각하고 정부에 신고했으니까요.

　제2차 세계 대전이 터지고 브라질과 일본이 적국이 되면서 상황은 더욱 악화되었습니다. 브라질의 일본계 주민들은 사실상 적으로 취급받았어요. 정부는 그들의 모임과 외국어 출판물을 금지했습니다. 일본 서적은 압수당했고 일본어 대화도 집 안에서만 가능했지요. 간첩 혐의로 체포되거나 돈과 재산을 빼앗긴 이들도 있었습니다. 그럼에도 불구하고 비밀 일본어 수업은 어찌어찌 계속되었습니다. 일본인 가족들이 교과서를 땅에 묻어 숨기고 일본어 교사가 가르치다가 들키면 체포되는 상황에서도요.

1945년에 전쟁이 끝나자 일본은 폐허가 되었습니다. 많은 일본계 사람들이 브라질에 머물기로 결정했지요. 이제는 일본어 교육이 허용되어 몰래 배우지 않아도 되었어요. 일본계 공동체에서는 여전히 일본어를 아는 것이 중요했지만, 브라질에 정착한 이들에게는 포르투갈어 교육이 더 중요해졌습니다. 오늘날 브라질은 세계에서 가장 일본계 주민이 많은 나라랍니다.

섬나라였던 오키나와가 1879년 일본에 점령되면서 오키나와어는 사용이 금지되었습니다. 1908년에 브라질로 이주한 일본인 이민자 중 약 40퍼센트가 오키나와 출신이었어요. 새로운 나라에 온 그들은 고국에서는 금지되었던 언어를 쓰기로 했습니다. 일본 본토 출신 이주민들이 그랬듯, 이들도 브라질에 공동체와 비밀 학교를 설립하여 오키나와 문화와 언어를 후세에 전수할 수 있었습니다.

에콰도르 농장의 원주민 학교

에콰도르는 1822년에 스페인으로부터 독립했지만, 스페인계 지주들은 여전히 막강한 권력을 행사했습니다. 에콰도르에서 아시엔다(hacienda)라는 대농장을 운영했던 부유한 지주들은 원주민 가정의 아이들에게 교육은 필요 없다고 생각했어요. 대농장 체제하에서 땅이 없는 원주민들은 농장 노동자가 되어야 먹고살 땅뙈기나마 빌릴 수 있었습니다. 그러다 보니 형편없는 임금, 장시간 노동, 때로는 신체적 학대까지도 피할 수 없었지요.

에콰도르 법에 따르면 대농장에 사는 원주민 어린이는 대농장 안이나 근처에 있는 학교에 다녀야 했습니다. 그러나 지주들은 학교 짓기를 거부하거나 아이들이 근처 학교에 다니지 못하게 막았어요. 지주가 더 많은 돈을 벌려면 아이들도 일을 해야 했으니까요. 학교에 다닐 수 있었던 원주민 아이들도 그들의 고유문화가 아니라 스페인어와 유럽의 가치관을 배웠습니다.

'마마 둘루'라고도 알려진 원주민 운동가 돌로레스 카쿠앙고는 이 점을 부당하게 여겼지요. 시간이 지나면 토착 언어와 문화, 가치관이 사라질 수도 있었으니까요. 카쿠앙고는 원주민 문화를 가르칠 수 있게 당국을 설득하려 했지만 무시당하고 말았어요. 하지만 카쿠앙고는 포기하지 않고 1940년대 중반에 직접 비밀 학교를 열기로 했습니다. 카쿠앙고 자신도 문맹이었지만, 마리아 루이사 고메스 델라 토레라는 교사와 함께 자신의 고향 카얌베에서 몰래 수업을 시작했지요.

아이들은 대농장에서 하루 일과를 마치고 밤중에 수업을 받아야 했습니다. 처음에는 이 집 저 집을 오가며 수업을 진행했어요. 어느 한 집이 의심받지 않도록 수업 시간에는 모든 집이 불을 켜 두었답니다. 교실을 숨길 수 있는 이중벽이나 누군가 밀고할 경우 재빨리 분해할 수 있는 책상을 갖춘 집도 있었지요.

아이들은 조상 대대로 내려온 케추아어뿐만 아니라 스페인어도 배웠답니다. 원주민들이 스스로를 지키려면 번역가나 통역사 없이 직접 권력자들과 소통할 수 있어야 한다는 카쿠앙고의 신념 때문이었지요.

카쿠앙고는 마침내 원주민 인권 단체와 페미니스트 단체로부터 지원을 받아 카얌베에 학교 네 곳을 세울 수 있었습니다. 하지만 끈질긴 학대와 공격에 시달렸고, 학생들과 학부모들도 위협받았지요. 정부는 몇 번이고 학교를 폐쇄하려 했지만 카쿠앙고와 동료들은 매번 저항했어요. 1963년에 새로운 군사정부가 에콰도르를 장악하고 마지막으로 남은 학교가 영구 폐쇄되면서 케추아어 교육은 다시 불법이 되었습니다.

하지만 토착 언어와 문화를 보존하고 가르치려는 열망은 꺾이지 않았습니다. 1988년에 에콰도르 정부는 원주민 아이들에게 스페인어뿐만 아니라 원주민 문화와 언어도 가르치는 공립 학교 체계를 복구하는 데 합의했습니다. 40년도 더 전에 카쿠앙고가 시작한 비밀 학교를 따라서요.

> 1881년 대농장에서 태어난 돌로레스 카쿠앙고는 부모가 진 빚을 갚기 위해 지주 저택에서 하녀로 일했습니다. 같은 대농장 안에서도 지주와 원주민의 생활이 얼마나 다른지 깨닫고 나서 원주민 인권 투쟁에 뛰어들었지요. 카쿠앙고는 무엇보다도 교육이 중요하다고 생각했습니다. "태양이 모든 인간에게 똑같이 비치는 것처럼, 교육 또한 빈부와 계급을 떠나 모든 사람을 위한 것이어야 합니다." 카쿠앙고는 1971년에 세상을 떠났지만 오늘날까지도 에콰도르 교육의 선구자로 기억되고 있답니다.

2

희망과 존엄

노예 제도와 억압을 떨쳐 내다

고향에서 납치되어 노예가 된 아프리카인들, 게토와 강제 수용소에 수용된 유대인들, 인종 분리 정책 아파르트헤이브를 물리치려고 싸우다 수감된 남아프리카 공화국의 흑인들……. 사람들은 언제 어디서나 단지 피부색이나 종교, 신념 때문에 억압당했습니다. 그런 이들에게 비밀 학교는 신체가 아닌 정신만이라도 자유로워질 방법이었지요.

읽고 쓰기로 자유를 찾은 미국의 노예들

18세기와 19세기 아메리카 대륙의 영국 식민지에 살던 노예 주인들은 노예가 된 사람들이 읽고 쓰는 법을 배울까 봐 걱정한 나머지 갖은 수단을 동원하여 이를 막으려 했습니다.

17세기부터 아프리카 사람 수십만 명이 납치되어 훗날 미국이 된 지역에서 팔려갔습니다. 이들은 다양한 분야에서 강제 무급 노동을 했고, 그들을 구입한 사람의 소유물로 여겨졌지요.

노예 주인들은 노예가 된 사람들이 글을 읽게 되면 서로 의사소통을 하고 노예제 폐지 운동이나 자유를 찾아 탈출한 이들의 존재를 알게 될까 봐 걱정했습니다. 나아가 문해력이 반란과 저항으로 이어질까 봐 두려워했지요. 사실 그런 현상은 이미 암암리에 일어나고 있었어요. 그래서 노예가 된 사람들이 읽기와 쓰기를 배운다는 소문이 퍼지자 이를 금지하는 법이 만들어졌습니다.

노예가 된 사람들은 읽고 쓸 줄 알아야 자유로워질 수 있다고 여겼기에 배우기 위해 가혹한 처벌도 감수했습니다. 법에 따르면 흑인 학생들은 채찍질을 당할 수 있었습니다. 그들을 가르친 흑인 교사도 벌금을 내거나 수감되거나 채찍질을 당할 수 있었지요. 심지어 교사가 백인이라고 해도 수감되거나 막대한 벌금을 물어야 했습니다. 노예 주인들은 법을 자기네 손아귀에 넣고 태형에서 사형까지 온갖 형벌을 휘둘렀습니다.

일부 노예 소유주나 종교단체는 노예가 된 사람들에게 글을 가르치기도 했습니다. 그게 불법이란 걸 몰랐거나 혹은 알면서도 무시했던 것이지요. 나머지 사람들은 대담하고도 교묘하게 배움의 길을 찾았습니다. 자유로워진 흑인들 집에서 운영되는 비밀 학교도 있었지요. 밤이면 외딴 오두막이나 땅을 파서 덩굴로 덮어 놓은 구덩이 안에서 수업이 열렸고, 노예 주인들이 교회에 간 일요일에 수업이 열리기도 했습니다.

들키지 않으려면 신중한 계획, 은밀한 메시지, 비밀스러운 연락 수단이 필요했습니다. 학생들은 한 번에 한 명씩 우회로를 통해 비밀 목적지로 갔지요. 그들이 '교실'에 들어가는 걸 누가 보면 안 되었으니까요. 교과서를 종이로 싸서 숨기기도 했고요. 학용품이 없으면 막대기로 흙에 글씨를 쓰거나 떡갈나무로 먹을 만들어 나무껍질에 글씨를 썼답니다.

이런 비밀 학교와 교사들 덕분에 많은 노예들이 직접 여행 허가증을 만들고 자기 주인 이름으로 서명했습니다. 그리고 북쪽으로 달아나 자유로워질 수 있었습니다. 교사가 되어 주위 사람들을 가르친 이들도 있었어요. 비밀 학교 교사였던 릴리 앤 그랜더슨은 미시시피 주에서 흑인 교사와 목사를 양성할 신학교가 설립될 수 있게 도왔습니다. 이 신학교가 바로 현재의 잭슨 주립 대학교랍니다.

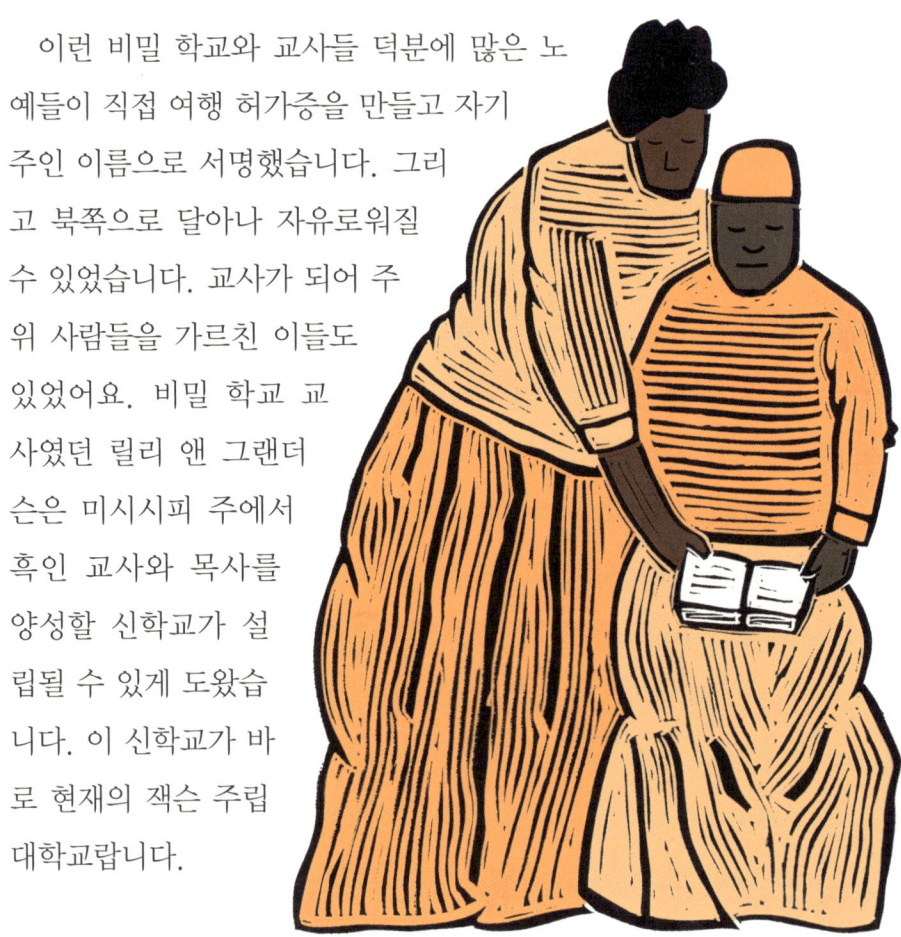

프레더릭 더글러스는 어린 시절에 노예가 되어 메릴랜드주 볼티모어의 어느 부부에게 팔려갔습니다. 하지만 여주인은 남들 몰래 어린 프레더릭에게 읽고 쓰는 법을 가르쳐 주었지요. 그 여주인의 남편은 이를 알고 분노했는데, 더글러스가 글을 배우면 노예로서 통제하기 어려워질 거라고 생각했기 때문이지요. 더글러스는 훗날 이렇게 적었습니다. "지식은 노예가 될 아이에게는 적합하지 않습니다. 나는 글을 배운 순간 노예 상태를 벗어나 자유로워지는 길이 있음을 깨달았습니다." 읽고 쓸 수 있다는 것이 얼마나 강력한 힘인지 알게 된 더글러스는 손에 닿는 모든 글을 읽었습니다. 그리고 청소년이 되자 노예가 된 다른 사람들에게도 몰래 읽고 쓰기를 가르치기 시작했지요. 일요일이면 마흔 명 이상이 수업을 들으러 오기도 했습니다. 더글러스는 스무 살에 자유를 찾아 탈출했고, 마침내 저명한 인권 운동가이자 작가가 되었습니다.

게토 유대인들의
정신적 탈출구

　과밀, 굶주림, 질병……. 이는 제2차 세계 대전 당시 유대인 분리 거주 구역인 게토에 수용된 사람들이 겪은 고통 중 일부에 불과했습니다. 독일 당국은 유대인들을 학살할 계획을 세우고, 동유럽에 1천 개가 넘는 게토를 세워 점령한 모든 마을과 도시에서 유대인과 비유대인을 분리하려 했어요. 독일 지도자 아돌프 히틀러는 유대인들을 '제거'하기를 원했습니다. 독일이 제1차 세계 대전에서 패배한 것을 포함해 모든 국가 문제를 유대인 탓으로 돌렸기 때문이지요.

　유대인 아동 교육도 금지되었습니다. 게토에서 가르치거나 배우는 사람은 누구든 살해당할 수 있었지요. 그럼에도 불구하고 유대인 공동체에서는 비밀리에 유치원과 초·중등학교를 만들어 히브리어, 역사, 지리, 예술 등을 가르쳤답니다. 아이들은 나이에 따라 노래, 이야기, 심지어 놀이를 통해서도 배울 수 있었어요. 학생들이 종교 연구에 집중하는 예시바(유대교의 종교 학교-옮긴이)도 있었습니다.

유대교에는 원래 배움에 대한 오랜 전통이 있었지만, 게토에서 학교는 피난처 구실도 했습니다. 학교가 있었기에 아이들은 거리를 떠돌지 않고 안전하게 지내며 어느 정도나마 일상생활을 유지할 수 있었어요. 무료 급식소, 마구간, 다락방에 비밀 학교가 세워졌습니다. 책을 옷 속에 숨겨서 가져오는 아이들도 있었답니다.

학생들은 수업을 통해 희망과 인간성, 그리고 나름대로 저항하는 법을 배웠습니다. 비밀 학교는 무엇을 어떻게 가르치는지를 떠나 무엇보다도 아이들이 이전의 삶을 기억할 수 있게 했습니다. 비밀 학교 덕분에 아이들은 배고픔과 게토 안팎에서 벌어지는 끔찍한 상황을 잊을 수 있었지요.

전쟁이 진행되면서 유대인들은 게토나 다른 은신처에서 끌려 나왔습니다. 죽음의 수용소로 보내져 바로 살해당하거나, 아니면 강제 수용소로 끌려가 비인간적인 환경에서 노동해야 했지요. 그러나 지독한 고난 속에서 몇 권 안 되는 책으로나마 아이들을 위해 비밀 수업을 진행한 어른들도 있었습니다. 그들은 그렇게 끝까지 아이들의 마음을 이야기로 채워 주었답니다.

1942년 12월 체코슬로바키아(현재 체코 공화국)의 흐로노프로 소집된 유대인들은 50킬로그램 이하의 짐만 가져올 수 있었습니다. 예술가이자 미술 치료사였던 프리들 디커 브랜다이스의 여행 가방 두 개는 대부분 미술 용품으로 채워졌지요. 테레지엔슈타트의 게토로 보내진 브랜다이스는 그곳에 온 아이들 수백 명에게 몰래 미술을 가르쳤습니다. 아이들은 예술을 통해 꿈꾸고 상상하고 기억하며 자기 삶을 기록할 자유를 누릴 수 있었어요. 1944년 가을, 브랜다이스는 이번엔 미술 작품으로 채워진 여행 가방 두 개를 숨겨 두었습니다. 얼마 지나지 않아 브랜다이스와 그의 학생들 일부는 아우슈비츠 비르케나우 수용소로 실려 가 죽음을 맞이했지만, 그들의 작품은 여전히 프라하에 있는 유대인 박물관에 남아 있습니다.

인종 분리 정책을 끝낸 남아프리카 정치범들

상어가 들끓는 남아프리카 해안의 로벤 섬에는 경비가 삼엄한 교도소가 있습니다. 이곳에는 1961년에서 1991년까지 3천 명이 넘는 정치범들이 수용되었어요. 이들의 죄란 억압, 인종 분리, 백인 지배로 정의되는 남아프리카 공화국의 아파르트헤이트 시대를 끝내려고 싸운 것이었지요.

정치범 중에는 읽고 쓰는 법을 배우지 못한 사람들도 있었는데, 모두가 흑인을 비롯한 유색 인종이었습니다. 나머지 정치범들은 교사나 대학 졸업생이었어요. 자유를 위해 싸운 넬슨 만델라를 포함하여 교육을 받은 정치범들은 모든 동료 수감자들을 비밀리에 가르쳤습니다. 원하는 사람은 정치 교육도 받을 수 있었지요. 수감자들은 이곳을 로벤 섬 대학교라고 불렀답니다.

교도관들이 감시하는데 어떻게 이런 일이 가능했을까요? 수감자들은 이글거리는 햇볕 아래 돌을 자르다가도 쉬는 시간이 되면 근처 석회암 동굴에 모였습니다. 그리고 학교에서 교사가 칠판에 글을 쓰듯 땅바닥에 글을 쓰며 수업했지요. 때로는 동료들이 일하는 중에 슬며시 들어와서 토론과 강의를 진행하기도 했지요. 역사에서 경제에 이르기까지, '교사'가 잘 아는 주제라면 무엇이든 강의할 수 있었습니다. 다른 구역의 수감자에게 수업 내용이 비밀 메모로 전달되기도 했어요. 그리하여 놀랍게도 삼사 년 만에 모든 수감자들이 읽고 쓸 수 있게 되었습니다.

그렇다 해도 이렇게 가르치고 배우는 것은 위험한 일이었지요. 로벤 섬은 그곳에 수용된 모든 수감자들에게 힘든 곳이었지만, 특히 정치범들에게는 심신 양면으로 가혹한 환경이었습니다. 침대가 주어지지 않아서 바닥에서 자야 했고, 우편물은 제한되었으며 검열을 거쳤답니다. 의복과 음식은 최소한으로 주어졌고 뉴스를 볼 수 없는 데다 가석방 기회도 없었지요. 게다가 백인 교도관들은 기분 나쁜 일이 있을 때마다 죄수들을 학대하곤 했습니다. '교사'들은 발각될 경우 공부할 수 있는 최소한의 특권마저 빼앗길 뿐만 아니라 급식 중단, 독방 감금, 체벌에 이르기까지 다양한 징계를 받았지요. 이런 상황에서 희망을 주고 영혼을 살찌우는 것은 학습과 대화뿐이었습니다.

로벤 섬에 갇혔던 정치범들은 교육을 통해 남아프리카 공화국에서 아파르트헤이트가 끝나고 모든 시민이 동등한 대우를 받게 되는 데 기여했어요. 로벤 섬에서 공부하여 법학 학사 학위를 취득한 만델라는 훗날 남아프리카 공화국 최초로 민주 선거로 선출된 대통령이자 첫 흑인 대통령이 되었답니다. 만델라는 이렇게 말했습니다. "교육은 세상을 바꿀 수 있는 가장 강력한 무기입니다."

로벤 섬 교도소에서 공부하는 것이 항상 규칙에 위반되지는 않았습니다. 교도소장이 어떤 사람인지에 따라 달랐지요. 하지만 수감자들은 언제나 공부할 수 있는 특권을 빼앗겠다는 위협을 받거나 실제로 그런 처벌을 받곤 했습니다. 그럼에도 많은 수감자들이 고등학교 졸업 검정고시에 통과하려고 공부했어요. 대학교 통신 교육을 수강하여 학위 여러 개를 받은 수감자들도 있었답니다! 넬슨 만델라는 교도관들도 고등 교육을 받아야 한다고 주장하기도 했지요. 수감자들과 교도관들은 고위 당국 몰래 함께 공부하거나 책을 공유했고, 고등 교육을 받은 수감자들이 교도관들의 과제를 거들어 주기도 했답니다.

여성의 권리

성 평등을 위해

연대하다

인류 역사 내내 여성들은 단지 성별 때문에 교육받지 못하는 상황에 저항해 왔습니다. 한밤중에 몰래 강의를 들으러 가거나, 사회적으로 허용되는 수업을 듣는 척하거나, 혹은 그저 어떤 활동에 참여하고 있는지 설명하길 거부하기도 했지요. 그들은 정부와 군부, 심지어 가족의 명령도 거스르며 과감하게 비밀 학교를 세우고 공부했답니다.

폴란드의 날아다니는 대학교

1882년 폴란드 바르샤바의 여성들은 어두운 거리로 나왔다가 조심스럽게 다른 집으로 들어가곤 했습니다. 위대한 학자와 지성인들이 몰래 주최하는 강의와 세미나를 듣기 위해서였지요. 이런 강의에 참석했다가 경찰에 발각되면 수감되거나 시베리아로 유배를 떠나야 할 수도 있었습니다.

여성들은 왜 그런 위험을 감수했을까요? 그들은 비밀스러운 저항 운동에 참여하고 있었답니다.

1795년 프로이센·러시아·오스트리아 연합에 정복당한 뒤로 폴란드 사람들은 몇 번이고 반란을 일으켰지만 번번이 실패했습니다. 지배 세력은 폴란드를 더 강하게 통제하기로 했지요. 얼마 뒤에는 폴란드의 역사나 언어를 연구하는 것도 금지되었습니다. 폴란드 사람들의 자부심을 짓밟기 위해서였지요. 심지어 여성은 아예 대학에 갈 수 없게 되었어요.

교사였던 야드비가 슈차빈스카 다비도바와 동료들은 1882년

바르샤바에서 여성을 위한 비밀 수업을 시작하여 폴란드어와 문학을 가르쳤습니다. 학생들이 늘어나면서 1886년부터는 여전히 비밀이긴 했지만 정식으로 대학 강의를 시작했지요. 이곳이 '날아다니는 대학교'라고 불리게 된 것은 발각당하지 않기 위해 학생들이 강의를 듣는 장소를 계속 바꾸었기 때문입니다.

강의 내용은 수학, 과학, 역사와 철학에 이르기까지 다양했습니다. 시간이 지나면서 가정집이 아니라 이들을 지지하는 기관이나 박물관에서 안전하게 강의할 수도 있게 되었어요. 날아다니는 대학교의 강의는 외세가 통제하는 공립 대학처럼 제한되거나 검열되지 않았기에 곧 남성들의 수요도 생겨났습니다. 그리하여 남학생도 강의에 참여할 수 있게 되었지만, 학생 대다수는 언제나 여성이었답니다.

이 대학교를 다닌 가장 유명한 학생으로는 마리 퀴리(마리아 스크워도프스카)와 야누시 코르차크(헨릭 골드슈미트)가 있습니다. 방사능 연구를 개척한 퀴리는 노벨상을 두 번 수상한 첫 여성이자 아직까지 유일한 여성으로 남아 있지요. 유대인 의사이자 작가였던 코르차크는 1942년 그가 돌보던 고아 200명을 독일 측에 넘기기를 거부하고 아이들과 함께 트레블링카 수용소에서 사망했습니다.

날아다니는 대학교에서 비밀 수업을 들은 학생은 수천 명에 이릅니다. 1905년에 러시아 혁명이 일어나고 정부가 공식 운영을 허락하면서 학교 이름이 바뀌었지요. 처음에는 바르샤바 과학 학회로 불리다가 나중에는 자유 폴란드 대학이 되었습니다. 하지만 날아다니는 대학교의 비밀 운영 방식은 무척 성공적이었기에 제2차 세계 대전 당시 공립 학교가 폐쇄되면서 부활했고, 1977년부터 1981년까지는 국가의 교육 통제에 대한 저항 운동으로서 재개되기도 했답니다.

1939년에 폴란드를 침략한 독일은 문화를 파괴하기 위해 폴란드어 교육을 금지했습니다. 학교는 대부분 문을 닫았지요. 체포되고 추방당하고 살해당한 교사들도 있었습니다. 일부는 고국을 떠나 망명하기도 했고요. 하지만 날아다니는 대학교에서 영향을 받은 대규모 비밀 교육 조직이 생겨나서 제2차 세계 대전 동안 어린이 약 100만 명을 가르쳤답니다.

지참금 대신 교육을 택한 이란 여성들

'공공연한 비밀'이란 앞뒤가 모순되는 말처럼 들리겠지요. 하지만 이란의 타라키 여학교는 말 그대로 공공연한 비밀이었습니다.

20세기 초, 이란 여성들은 국가 개혁과 새로운 헌법을 추진하기 위해 비밀 결사를 조직했습니다. 시위에 가담하고, 외국산 직물을 불매했으며, 갖고 있던 보석을 팔아 국립 은행 건설 자금에 보탰어요. 그러나 1906년 최초로 이란에서 헌법이 공포되었을 때, 이런 변화를 쟁취하려고 끊임없이 노력해 온 여성의 권리는 완전히 무시당했습니다. 여성들은 저항했지만 "여성의 교육과 훈련은 육아, 살림, 가문의 명예를 지키는 데 국한되어야 한다"라는 답변밖에 듣지 못했지요.

하지만 이란 여성들은 좌절하지 않고 행동에 나섰습니다. 그들은 여성의 권리와 여아 교육에 조직적으로 많은 관심을 쏟았습니다. 그 당시 무슬림 여자아이들은 대부분 학교에 다

니지 못했고 교육의 기회가 많지 않았어요. 하지만 1907년 이란의 수도 테헤란에서 한 비밀 결사 회원들이 중요한 회의를 열고 무슬림 여학교를 만들기로 결정했습니다. 신부의 가족이 신랑에게 지불하던 지참금을 없애고 그 돈을 여자아이들의 교육에 쓰기로 한 것이죠.

무슬림 여자아이들을 위한 최초의 학교는 1907년에 문을 열었습니다. 정부는 테헤란 안팎에서 이곳을 포함해 여학교 수십 곳이 열렸다는 것을 알고 있었지만 아무런 재정 지원도 하지 않았어요. 학교 운영비는 여성 개인들이 기부하고 여성 단체들이 모금한 돈으로 충당되었습니다. 또한 정부는 여학교 관련자 모두가 도덕적으로 부패한 죄인이라고 믿는 반대 세력으로부터 교사와 학생을 보호하지도 않았지요. 어린 여자아이들이 돌팔매질을 당했고, 교사들이 공격받았으며, 학교의 기물이 약탈당하기도 했습니다.

마루크 가와르시나스는 교육을 거의 받지 못한 여성이었지만 비밀 결사에 가담하여 1911년에 타라키 여학교를 설립했습니다. 공공연한 비밀이었지요. 다들 이 여학교에 관해 알았는데도 정작 가와르시나스는 여성 교육에 반대하는 남편에게 학교의 존재를 숨겨야 했으니까요. 2년 뒤에 사실을 알게 된 남편은 화를 내며 반대했을 뿐만 아니라 아내가 가족을 수치스럽게 만들었다고 말했습니다.

그래도 가와르시나스는 학교를 계속 운영했습니다.

1918년에는 마침내 여아를 위한 첫 공립 학교가 설립되었어요. 그로부터 백여 년이 지난 지금은 이란 대학생 중 60퍼센트가 여성이랍니다.

폭력과 불안을 피해 국경을 넘어온 아프가니스탄 난민 수백만 명이 이란에서 지내고 있어요. 하지만 난민으로 정식 등록되지 않으면 공립 학교에 다닐 수 없답니다(2019년만 해도 어린이 수십만 명을 포함한 200만 명이 여전히 난민 등록증을 받지 못했습니다). 이런저런 정책들과 등록금 때문에 난민이 학교에 다니기는 더욱 어려워졌지요. 이에 대처하여 사람들은 비밀 학교를 열었습니다. 교사와 학생들은 마음대로 비밀 학교를 폐쇄시킬 수 있는 순찰대를 끊임없이 경계해야 했어요. 그러나 2015년에 이란의 최고 지도자 알리 하메네이가 신분과 상관없이 모든 어린이는 학교에 다녀야 한다고 명령하면서 상황이 나아졌습니다.

아프가니스탄의 황금 바늘 봉제 학교

파란색 부르카를 입고 손에 가방을 든 여성들이 아프가니스탄 헤라트에 있는 황금 바늘 봉제 학교로 들어갔습니다. 학교 안에서 그들은 가방 안쪽으로 보이는 가위와 천을 걷어 내고 그 아래 숨겨 둔 종이와 펜을 꺼냈어요. 그리고 재단과 재봉 대신 금지된 작가들의 문학 작품을 배웠습니다. 그들이 공유한 것은 패턴과 천이 아니라 각자가 쓴 이야기와 시였지요.

왜 이렇게 위장해야 했을까요? 아프가니스탄은 20여 년 동안 매우 어려운 시기를 지나왔습니다. 첫째로 1979년 소련의 침공이 있었고 그다음에는 내전이 터졌으며, 마지막으로 1996년에 탈레반 군사 정권이 집권했지요. 탈레반은 아프가니스탄을 크게 변화시켰는데, 그중 하나가 여성이

학교에 다니지 못하게 금지한 것입니다.

 하지만 여성들도 바느질은 할 수 있었지요. 이런 소일거리가 완벽한 구실이 되리라는 것을 정부는 미처 몰랐습니다. 문간에 달린 작은 학교 간판은 교묘한 속임수였어요.

황금 바늘 봉제 학교는 사실 바느질 학교가 아니었거든요. 그곳은 헤라트 대학 문학 교수였던 무함마드 나시르 라히얍의 집이었습니다. 라히얍은 언어와 시에 희망을 주고 용기를 북돋고 저항하는 힘이 있다고 믿었지요. 그는 1996년부터 집에서 일주일에 세 번 여성들에게 몰래 문학을 가르쳤고, 대학에서는 남성들을 대상으로 공개 강의를 했습니다.

교사와 학생들은 잡히면 수감되거나 고문을 받거나 살해당할 수도 있었습니다. 그래서 라히얍의 아이들은 밖에 나가 놀면서 망을 보았지요. 아버지가 교실에서 나가고 여성들이 글쓰기 대신 바느질을 하도록 경고할 수 있게요. 목숨을 걸고 배우며 글을 쓴 것은 황금 바늘 봉제 학교 학생들만이 아니었습니다. 헤라트 전역에서 비슷한 비밀 학교가 수백 개나 열렸거든요. 탈레반이 통치한 5년 동안 여성 약 2만 9천 명이 용감하게 비밀 수업을 들었습니다(탈레반은 2001년 권력을 빼앗겼지만 2021년에 다시 국가를 장악했습니다).

억압에도 불구하고 많은 여성들이 학업을 계속했습니다. 라히얍의 수업을 들은 레일라 라제기는 본명이 아닌 남성 이름으로 장편소설 두 권을 썼고 문학잡지에 단편소설 여러 편을 투고했지요. 또 다른 학생인 나디아 안주만은 2001년 탈레반 정권이 무너진 후 헤라트 대학교에서 문학을 공부했습니다. 나아가 본명으로 자신의 글을 출간하기도 했어요. 안주만의 지인들에 따르면 그가 쓴 시집이 인기를 끌자 집안 망신이라고 생각한 남편과 가족이 그를 살해했다고 합니다. 여러 언어로 번역된 안주만의 작품은 아프가니스탄 여성들이 자신의 권리를 지키기 위해 계속 배우고 쓰고 싸워야 한다는 증거입니다.

헤라트에서 태어나 자란 사키나 야쿠비 박사는 1995년에 여성 교사 양성과 어린이 교육을 위해 아프간 교육 연구소를 설립했습니다. 탈레반 정권이 나라를 장악한 뒤 연구소는 아프가니스탄의 네 개 주에 걸쳐 80개의 비밀 홈스쿨을 조직했지요. 여학생 3천여 명이 숨겨진 학교에서 교육을 받았습니다. 교사들은 의심받지 않도록 이 집 저 집을 오가며 수업했어요. 학생들은 각자 다른 시간에 왔고 교과서를 밀이나 쌀자루에 숨겨서 다녔답니다. 황금 바늘 봉제 학교의 학생들이 그랬던 것처럼요.

첩보원 양성

숨어들어

정찰하다

기밀, 은신, 잠입. 이런 말을 들으면 첩보 활동이 생각날 거예요. 하지만 이런 말들은 외부의 적과 내부의 위협으로부터 국민을 지키기 위해 정부가 운영하는 첩보원 **훈련** 시설과도 연관이 있답니다.

러시아의 악명 높은 스파이 학교

KGB라고도 알려진 소련 국가 보안 위원회는 세계적으로 손꼽힐 만큼 규모가 크고 악명 높은 첩보 기관이었습니다. 해외 요원(소련 외부에서 근무하는 요원)은 서구의 거의 모든 정보 작전에 접근할 수 있었고, 극비 정보를 알아내어 소련에 보고했어요. 심지어 외국이나 소련 내에서 국가의 '적'을 암살하기도 했지요.

어떻게 하면 KGB 해외 요원이 될 수 있었냐고요? 소련의 수도인 모스크바 외곽 숲속에 숨겨진 첩보 학교에 다녀야 했어요. 하지만 그 학교의 이름은 계속 바뀌었답니다. KGB가 생기기 16년쯤 전인 1938년에 처음 설립되었을 때는 특수 임무 학교라고 불렸지요. 그 뒤로는 정보 학교, 고등 정보 학교, 붉은 깃

발 연구소, 혹은 안드로포프 연구소라고 불렸습니다. 하지만 이름이 무엇이든 간에 고도로 훈련받은 노련한 강사가 가르치는 극비 엘리트 학교라는 점만은 변함이 없었지요.

학생들은 은폐된 캠퍼스에서 훈련받았고 성의 첫 글자에 따른 암호명으로 불렸습니다. 학생의 신원을 보호하고 직업과 사생활을 분리하려는 조치였어요. 이 학교의 가장 유명한 졸업생이자 현직 러시아 대통령인 블라디미르 푸틴의 암호명은 '플라토프(Platov)'였답니다.

수업 시간에는 세계에서 가장 악명 높은 첩보 기관에 소속된 스파이가 알아야 할 모든 것을 배웠지요. 정보 수집, 암호 생성과 해독, 몰래 사진 촬영하는 법, 기밀문서 작성, 몸싸움, 외국어, 감시 기술…….

훈련 기간은 학생이 향후 어떤 진로로 가는가에 따라 달랐지만 대체로 1년에서 3년까지 걸렸습니다. 게다가 단순히 시험에 통과하면 끝나는 게 아니었어요. 소련에게 적으로 간주되는 자들에게 맞서려면 위험한 비밀 생활에 필요한 모든 자질을 갖추어야 했습니다. 심리적 각오, 정신적 예리함, 신체적 지구력도 갈고닦았음을 증명해야 했지요.

　강력했던 소련은 1991년에 붕괴하여 독립 국가 15개로 나뉘었습니다. KGB도 그렇게 끝나 버렸어요. 하지만 스파이 학교는 여전히 존재합니다. 대외 정보 아카데미로 이름만 바뀌었을 뿐이지요.

　미국 중앙정보국(CIA)은 1999년에 〈소련의 소비에트 정보 학교〉라는 문서를 공개했습니다. 소련이 1930년대부터 모스크바뿐만 아니라 에스토니아, 라트비아, 리투아니아, 핀란드에서 운영한 훈련소 목록을 타자기로 정리한 문서였지요. '외국어 군사학교'나 '극동 활동 요원 양성 학교' 등 많은 항목이 줄을 그어 지워졌거나 손으로 쓴 메모가 첨부되어 있었습니다. 목록이 얼마나 길었는지 문서가 55페이지에 이르렀다고 해요.

캐나다 오지에 있는 캠프 X

"더러운 전쟁을 위한 무서운 학교." 2014년, 한 다큐멘터리는 제2차 세계 대전 당시에 비밀 스파이 학교였던 캠프 X를 이렇게 설명했습니다. 충분히 그럴 만했지요. 공식 명칭이 '특수 훈련 학교 103'이었던 캠프 X에서는 암살, 전투, 철도와 교량 폭파, 총알 피하는 법 등을 가르쳤으니까요.

1940년 영국 정부는 비밀 요원들로 구성된 지하 의용군 SOE(특수 작전 집행부)를 창설했습니다. SOE는 적진에 잠입하여 철도에서 공장, 통신망에 이르기까지 모든 것을 파괴할 노련한 정보 요원이 필요했지요. 나치에게 침공당할까 봐 절박했던 영국은 대서양 건너편에 도움을 요청했어요.

영국 정부를 위해 일하게 된 캐나다 첩보부장 윌리엄 스티븐슨은 캐나다 온타리오 호숫가에 있는 휘트비 근처 농지에 비밀 기지를 세웠습니다. 그리하여 1941년 12월 6일에 북미 최초로 스파이 훈련 시설인 캠프 X가 문을 열었지요. 어찌나

고립된 장소였는지 현지인들도 그 존재를 몰랐습니다. 당시 캐나다 수상이었던 윌리엄 라이언 매켄지 킹도 캠프 X에 관해서는 거의 아는 바가 없었다고 해요.

몇 주에서 몇 달 사이, 캐나다와 미국뿐만 아니라 여러 지역에서 신입생들이 모여들었습니다. 어둠 속에서 총기를 조립하거나, 자동차 폭파용 인계 철선(폭탄과 연결되어 적이 건드리면 자동으로 폭발하는 가느다란 철사—옮긴이)을 설치하거나, 컴컴한 사격장에서 본능에 의존해 적을 쏘는 등 강도 높은 훈련을 받으러 온 것이죠. 훈련을 마친 학생은 마지막 과정을 통과하기 위해 영국으로 갔습니다. 캠프 X에서 훈련받은 학생은 5백 명이 넘었으며(2천 명 가까이 되었으리라는 주장도 있습니다!) 그중 일부는 전쟁 중에 목숨을 걸고 비밀 임무를 완수했답니다.

많은 첩보원들을 배출한 캠프 X는 유럽 대부분이 나치로부터 해방된 1944년에 문을 닫았습니다. 그때까지도 캐나다 사람들은 그런 학교가 있었는지도 몰랐지요. 하지만 영국 블레츨리 파크에서 활약한 암호 해독가들과 비밀 메시지 수십만 건을 주고받은 캠프 X의 강력한 원격 통신 센터는 1969년까지 캐나다 정부 수하에서 유지되었습니다. 소위 공직자 비밀 엄수법에 따라 당시의 기록은 대부분 폐기되거나 은폐되었으며, 훈련소 건물은 철거되었습니다.

캐나다 요원이자 캠프 X의 훈련생이었던 리오나르 자크 타셰로는 1944년 동료들과 함께 프랑스에 상륙하여 독일군 기관차 22대에 폭탄을 설치했습니다. 단 하룻밤 사이에 말이지요! 그는 엄청난 공로를 인정받아 이듬해 무공 십자훈장을 받았답니다.

한편 캠프 X에서 정치전 강사였던 영국군 소령 폴 덴은 이곳에서 쓰인 훈련 교재를 공동 집필했습니다. 그는 훗날 대담무쌍한 슈퍼 첩보원 제임스 본드가 등장하는 영화 〈골드핑거〉의 시나리오 작가로 오스카상을 받으면서 유명해졌지요.

냉전 시대 영국의
동시통역 학교

미국과 소련은 제2차 세계 대전 당시 동맹국이긴 했지만 결코 '친구'라고 할 수 없는 관계였습니다. 전쟁이 끝나자 상황은 더욱 악화되었지요. 두 국가 사이의 혐오와 불신이 깊어지면서, 냉전이라 불리는 긴박한 대치 상태가 수십 년이나 이어졌습니다.

영국은 강대해진 소련 세력과 커져 가는 핵전쟁 위협을 염려하여 미국 편에 섰습니다. 하지만 적을 물리치려면 적을 알아야 했는데, 러시아어를 아는 영국인은 드물었지요. 그래서 1951년 영국 총리의 명령에 따라 극비리에 합동 지원 언어학자 훈련소(JSSL)가 설립되었습니다.

당시 건강하고 젊은 영국 남성은 모두 군복무를 해야 했습니다. 가장 똑똑한 청년 중 소수가 JSSL이 위치한 기밀 장소로 보내져 강도 높은 언어 훈련을 받을 수 있었어요. 그들은 러시아어 통신을 듣고 통역하고 해석하여 군사적 위협이나 침략 가능성을 알아내는 기술을 배웠습니다.

　영국과 스코틀랜드 여러 지역에 설립된 JSSL에서의 훈련은 결코 쉬운 일이 아니었습니다. 통신을 조금만 잘못 해독해도 전 세계가 심각한 위험에 빠질 수 있었기에 보통 학교보다 훨씬 엄격하고 힘든 학습 과정을 거쳐야 했지요. 학생들은 신뢰할 수 있는 소련 출신 망명자와 탈주병들로부터 러시아어와 러시아 문화, 역사를 배웠습니다(폴란드어와 체코어까지 배운 학생들도 있었어요). 문법을 공부하고 하루에 30개씩 새로운 단어를 암기할 뿐만 아니라 러시아어로 말하고 읽는 법, 러시아어를 영어로 혹은 영어를 러시아어로 번역하는 법을 배웠습니다. 심지어 탱크의 전체 부품처럼 영어로도 잘 몰랐던 것들의 러시아어 명칭을 알아야 했지요. 정기적인 평가와 시험도 있었습니다. 시험에 한 번이라도 떨어지면 바로 퇴학이었어요.

　냉전기에는 4천 명이 넘는 군인이 러시아어 번역과 통역 훈련을 받았습니다. 이 일은 위험할 수도 있었지요. '우연히' 소련의 영공에 날아들거나 영해에 표류하여 통신문을 가로채야 할 경우 더욱 그랬습니다. 하지만 대부분은 창문이 없

고 전자 장비로 가득한 방에 앉아 별 의미가 없어 보이는 정보의 파편들을 기록했습니다. 그래도 그 파편들을 해독하고 연결하면 특정한 패턴을 읽어내어 소련의 군사 작전과 관련된 지식을 수집할 수 있었어요.

영국의 병역 의무는 1960년에 종료되었습니다. 그와 함께 특수 언어 첩보 학교도 폐쇄되었지요. 하지만 많은 훈련생들은 러시아어에 정이 들어 대학에 가서도 관련 수업을 들었다고 하네요!

첩보 학교는 때로 극장이 되기도 했습니다. 학생들에게 러시아어를 가르치도록 고용된 JSSL 교사 일부는 그 과정에서 뛰어난 창의성과 예술성을 발휘했지요.

폴리카프 파블로프와 베라 그레흐 부부는 원래 모스크바 예술 극장에 소속된 배우였습니다. 두 사람은 파리에 공연하러 왔다가 소련으로 돌아가지 않기로 했어요. 그들은 JSSL 학생들과 함께 안톤 체호프의 〈벚꽃 동산〉 〈세 자매〉 같은 러시아어 고전 연극을 상연했습니다.

연극 애호가인 드미트리 마카로프와 블라디미르 코셰브니코프는 러시아어로 고전극이나 종교극을 상연하곤 했습니다. 직접 각본을 쓰거나 번역하고 연출을 맡았으며 때로는 JSSL 학생들과 함께 무대에 오르기도 했지요. 그들은 〈햄릿〉 〈오셀로〉 〈십이야〉 등 셰익스피어의 여러 작품을 상연했답니다.

5

급진적 교육

새로운 길로 나아가다

국가 정부, 지역 교육 체계, 소속 집단이 내리는 명령에 동의할 수 없다면 여러분은 어떻게 할 건가요? 사람들은 다음 세대에 바람직한 변화를 가져올 수단으로서 비밀 학교를 세우기도 했답니다. 학생들이 주도하는 학습 모임부터 실험적인 교육 기관, 혹은 극단주의 테러범의 자녀를 위한 정부 프로그램에 이르기까지 다양한 방식으로요.

한국 대학생들의 비밀 학회

　세계 여러 나라에서와 마찬가지로 한국 학생들도 의학, 음악, 공학, 경영학 등을 공부하기 위해 대학에 진학합니다. 그러나 1980년대 한국 대학에서는 또 다른 형태의 고등 교육이 진행되었지요. 바로 지하에서 이루어지는 교육이었습니다.

　이런 비밀 수업은 대학에서 운영하고 교수가 가르치는 대신 학생들이 자체적으로 진행했습니다. 수업이 비밀이어야 했던 이유는 거기서 배우는 내용이 불법으로 간주될 수 있었기 때문이에요.

　대학 선배들은 후배들을 비밀 학회나 연구회로 데려와서 소련, 쿠바, 중국의 정치 이론과 혁명 운동에 관해 가르쳤습니다. 남한 사회가 가진 문제, 남한 정치에 미국이 끼치는 영향력, 북한과 통일할 필요성에 관해 토론하기도 했어요(제2차 세계 대전이 끝난 뒤 소련이 북한을 점령하고 미국이 남한에 남으면서 한국 땅은 둘로 갈라졌습니다).

비밀 수업에 참석한 학생들은 한국 전역의 캠퍼스를 휩쓸던 민주화 운동에도 가담했습니다. 남한 사회를 바꾸고 특히 신군부 통치를 끝내야 한다고 촉구하는 운동이었어요. 1980년 5월 광주에서는 학생 시위대와 그에 동조한 시민들까지 25만 명이 거리로 뛰쳐나왔습니다. 이렇게 시작된 광주 항쟁은 정부군이 개입하면서 끔찍한 유혈 사태에 이르렀지요. 언론 매체는 검열로 인해 이를 보도하지 못했지만 대학생 학회들은 학살 영상과 사진을 입수했습니다.

학생 운동은 오래전부터 한국 역사의 일부분이었지만, 광주 항쟁이 일어나면서 바야흐로 급격한 전환점에 이르렀습니다. 학생 운동이 계속 커지면서 1985년에는 2천 회 이상 시위가 열렸고 50만 명이 참여했습니다. 평균적으로 하루에 다섯 번 이상 시위가 있었던 것이지요.

하지만 운동권 학생들과 시위대는 여전히 폭력 진압, 체포, 최루탄에 맞서야 했습니다.

1987년 6월 9일, 대학생 박종철이 고문받고 죽은 사건의 진상을 밝히라고 요구하는 시위가 열렸습니다. 이 시위 중에

또 다른 대학생 이한열이 경찰의 최루탄에 머리를 맞아 사망했지요. 이 사건으로 인해 남한 전역에서 20일에 걸쳐 대규모 시위가 열렸어요. 6월 항쟁으로 알려진 이 기간 동안 수백만 명이 군사 독재에 항의하려고 거리에 나섰습니다. 서울 올림픽이 일 년 앞으로 다가온 상황이었기에 전 세계가 한국을 주목했고, 결국 정부는 시민의 요구를 수용해 민주주의로 가는 길을 열었습니다. 한국의 학생 운동과 비밀 학회가 놀라운 변화를 가져온 것이지요.

한국인 물리학도 김성만은 일 년 동안 미국의 웨스턴일리노이 대학교에서 공부하고 1983년에 귀국했습니다. 그는 1985년에 체포되어 사형을 선고받았어요. 학회를 만들어 공산주의 북한을 위해 간첩 활동을 하고 학생들에게 북한 관련 문헌을 유포했다는 혐의였지요. 국제 사면 위원회는 김성만이 자신의 신념 때문에 투옥된 '양심수'라면서 이런 조치에 항의했습니다. 김성만은 13년간 복역하고 그중 2년은 사형수로 지낸 뒤에야 마침내 석방될 수 있었습니다.

캘리포니아 억만장자가 만든 대안학교

캘리포니아 주 로스앤젤레스 근처 스페이스X 본사에는 로봇 조종 시합을 벌이거나 인공 지능에 관해 토론하는 아이들이 있었습니다. 하지만 이들이 단지 우주 탐사선 회사를 견학하러 온 것은 아니었어요. 이 아이들은 비밀 학교 애드 아스트라(Ad Astra, '별을 향해'라는 뜻이에요)의 학생이었답니다.

스페이스X와 전기 자동차 제조업체 테슬라의 CEO인 일론 머스크는 오랫동안 테크놀로지 업계에서 반항아로 여겨졌습니다. 하지만 2014년에 그는 교육이라는 새로운 분야에서 혁신적인 목표를 세웠지요.

머스크는 어린 시절부터 틀에 박힌 교육 과정과 수업 방식을 싫어했는데, 자기 아이를 학교에 보내게 되자 그 불만은 더욱 심해졌습니다. 교사들은 학생들이 이런저런 것을 배워야 하는 이유를 제대로 설명해 주지 않고 정보와 공식만 외우게 한다고 생각했지요.

더 나은 방식이 있어야 한다고 믿은 머스크는 비밀리에 그의 다섯 아들과 몇몇 다른 우등생들을 위한 비영리 대안학교를 세웠습니다. 수학, 과학, 공학, 컴퓨터 과학과 윤리에 중점을 두는 학교였어요. 성적을 매기지 않고 과제도 거의 없었지만 현장 학습은 잦았지요. 학생들은 팀을 이루어 학습하며 만들고 싶은 프로젝트, 조사하고 싶은 주제, 해결하고 싶은 문제를 선택했습니다. 무엇보다도 관심 분야에 집중하고 능력을 최대한 발휘하며 추상 관념과 이론을 이해하기 위해 사물을 물리적으로 분해할 것을 권장했습니다.

이 이색적인 학교는 2014년 극비리에 시작되었지만 결국 입소문을 통해 알려졌습니다. 2017년 7세에서 14세까지의 학생 자리가 12개 생기자 400여 가구가 입학을 신청했어요. 그럼에도 불구하고 애드 아스트라의 입학 정보와 절차는 까다롭지 않게 유지되었습니다. 기본 웹사이트에서 지원서 양식과 세 가지 질문에 대한 답변을 작성하면 되었지요. 예를 들면 지원한 학생들에게 인류가 살기 좋은 행성과 나쁜 행성을 세 개씩 열거하고 그 이유를 설명하라는 식이었습니다. 회의실에 모인 학생 8명으로 시작된 이 대안학교는 2018년에 이르자 40명 이상의 학생을 수용할 수 있는 교실과 연구실을 갖추었습니다.

수업 과정에 언어, 음악, 체육이 빠졌다는 이유로 애드 아스트라를 비판하는 사람들도 있었습니다. 머스크의 아이들이 학업을 마친 뒤에도 학교가 유지될지 의심스러워하는 사람들도 있었고요. 하지만 머스크는 자신에겐 무엇보다도 학생들이 가장 중요하다고 주장했습니다. 중국 텔레비전 방송국과의 인터뷰에서 이렇게 말하기도 했지요. "아이들이 학교에 다니는 걸 정말로 좋아해요. 좋은 징조라고 생각합니다."

애드 아스트라는 이제 운영되지 않습니다. 하지만 학교의 공동 창립자였던 조슈어 댄과 그 동료들은 10세에서 14세 사이의 "사려 깊고 창의적이며 학문적으로 야심찬 학생들"이 세계 어디서나 원격 학습을 할 수 있는 열린 학교를 설립했습니다. 이 학교는 '새로운 별'을 뜻하는 아스트라 노바(Astra Nova)라고 불립니다.

테러범의 아이들을 위한
인도네시아 학교

인도네시아 수도인 자카르타의 한적한 곳에 자살 폭탄 테러범의 아이들을 위한 비밀 학교가 있습니다. 하지만 그들의 부모처럼 투사가 되도록 교육하는 학교는 아니랍니다. 반대로 이 학교의 목표는 학생들이 이전에 받았던 과격한 가르침을 뒤집는 것입니다. 이들이 자라서 테러리스트가 되지 않도록 보호하고 정상적으로 생활할 기회를 주려는 거예요.

인도네시아는 무슬림 인구가 세계에서 가장 많은 국가지만 그 밖에도 다양한 종교를 믿는 사람들이 살고 있습니다. 일부 인도네시아 무슬림은 이슬람 율법을 매우 엄격하게 해석하며, 심지어 극단적으로 치우치는 사람들도 있어요. 이슬람 정교일치 국가를 세우려는 소수 무슬림들은 다른 종교를 믿는 사람과 법률 집행 기관 등 이슬람의 '적'을 겨냥하여 수차례의 자살 폭탄 테러를 일으켰습니다. 무슬림 전투원의 아이들은 부모의 행위로 인해 학교에서 괴롭힘이나 따돌림을 당하고 결국에는 중퇴할 위험이 높지요. 인도네시아 정부는

이런 아이들이 부모처럼 테러리스트가 되는 것을 막기 위해 새로운 학교를 만들었습니다.

수업 과정은 15개월이며 한 번에 등록되는 학생은 열두 명 이하입니다. 학교 위치와 마찬가지로 학생들의 이름도 비밀이지요. 신원 보호를 위해 모두가 별명을 쓰기 때문에 아이들도 서로 이름을 모른답니다.

비밀 학교에서 학생들은 사회상담사를 만나 심리 및 사회 상담을 받습니다. 그중에는 부모의 테러 행위를 직접 목격한 경우도 있어요. 아이들은 인도네시아 역사와 위인들, 관용과 자유 의지, 사랑과 자비에 관한 이슬람교의 가르침 등을 배웁니다. 함께 지내면서 친해져 어울려 놀기도 하지요.

이 학교는 시작된 지 얼마 되지 않았지만 성공할 조짐이 보입니다. 아이들은 음악을 듣고 춤을 추며 살아 있는 인간이나 동물의 그림을 그립니다. 이 모두가 무슬림 전투원인 부모들에게는 금기시되었던 활동이지요. 대의를 위해 기꺼이 목숨을 바친 부모처럼 순교하려 했던 한 여자아이는 이제 교사가 되기를 꿈꾼다고 해요.

카이룰 가잘리는 테러 범죄로 수감되었다가 2015년 석방되었습니다. 이제 그는 인도네시아 북부 수마트라에서 수감되거나 죽은 전투원의 아이들을 위한 알히다야 무슬림 기숙 학교를 운영하고 있어요. 이 학교에서는 학생들의 보호자나 부모가 가르친 과격한 사상을 뒤집고 이슬람교의 진정한 의미를 알리며 정식 수업과 활동 및 생활 기술을 제공합니다. 학생은 한 번에 최대 25명까지 받는데 그중 일부는 교사나 경찰이 되기를 지망한다고 하네요. 하지만 가잘리는 이와 비슷한 지원을 필요로 하는 아이들이 여전히 인도네시아 전역에 수천 명쯤 된다고 말합니다.

맺음말

인간에게 교육은 매우 강력한 수단이자 도구입니다. 그런 만큼 많은 사람들이 죽음과 처벌의 위험을 무릅쓰고 국경을 넘거나 법을 어기거나 사회 규범에 맞서거나 정부로부터 숨으면서까지 비밀 학교에 다니려 했지요.

미국에서 노예가 된 사람들 상당수가 몰래 읽기와 쓰기를 배운 덕분에 자유로워질 수 있었음을 생각해 보세요. 한국에서 비밀 학회에 가담하여 민주화 운동을 배우고 토론했던 대

학생들, 나치를 물리칠 방법을 은밀히 배우려고 북미 전역에서 캐나다 오지의 첩보 학교까지 찾아갔던 훈련생들도요.

공동체의 일원이 된다는 것, 비슷한 상황에 처한 다른 사람들과 함께한다는 것도 큰 의미가 있습니다. 교실은 경우에 따라 단순히 배움의 터전일 뿐만 아니라 안전한 쉼터가 될 수도 있어요. 트라우마와 갈등을 해소하기 위한 비밀 교육을 받는 인도네시아 아이들이나 '바느질' 수업으로 성차별에 맞서 싸웠던 아프가니스탄 여성들을 떠올려 봅시다. 학교는 에콰도르 원주민 아이들이나 브라질에 이주한 일본 사람들에게 그랬듯 역경 속에서 문화적 기원을 지키고 보존하는 공간이 되기도 해요.

학교는 세상을 더 나은 곳으로 만들 수 있습니다. 나치가 지배하는 끔찍한 상황에서 비밀 수업으로 잠시나마 안도감을 느낄 수 있었던 유대인 아이들에게 그랬듯이 말이에요. 비밀 학교는 그곳을 운영하는 교사들과 거기 다닌 학생들에게 희망이자 원동력이 되었습니다.

여러분이 지금까지 읽은 학교 이야기들은 꾸며 낸 이야기가 아닙니다. 실제로 존재했거나 지금도 존재하는 곳들에 대한 이야기였지요. 그리고 우리가 여전히 모르는, 영원히 모를 비밀 학교들도 분명히 많이 있을 것입니다.

인용 출처

p21
"태양이 모든 인간에게 똑같이 비치는 것처럼, 교육 또한 빈부와 계급을 떠나 모든 사람을 위한 것이어야 합니다."
돌로레스 카쿠앙고, 「Indigenous Knowledge and Practices in Education in Latin America: Exploratory Analysis of How Indigenous Cultural Worldviews and Concepts Influence Regional Educational Policy」(OREAL/UNESCO Santiago, 2017)

p27
"지식은 노예가 될 아이에게는 적합하지 않습니다. 나는 글을 배운 순간 노예 상태를 벗어나 자유로워지는 길이 있음을 깨달았습니다."
프레더릭 더글러스, 『The Life and Times of Frederick Douglass』(Hartford, CT: Park Publishing, 1881)

p35
"교육은 세상을 바꾸는 데 사용할 수 있는 가장 강력한 무기입니다."
넬슨 만델라, 『Oxford Essential Quotations』, ed. Susan Ratcliffe, 5th ed.(Oxford University Press, 2017)

p42
"여성의 교육과 훈련은 육아, 살림, 가문의 명예를 지키는 데 국한되어야 한다."
Muhammad Sahimi, <Iranian Women and the Struggle for Democracy: 1. The Pre-Revolution Era>(2010년 4월 15일 PBS Frontline 방영)

p56
"더러운 전쟁을 위한 무시무시한 학교"
Michael Allcock, <Camp X: Secret Agent School>(2014년 7월 14일 History 채널 방영)

p73
"아이들이 학교에 다니는 걸 정말로 좋아해요. 좋은 징조라고 생각합니다."
일론 머스크, <Elon Musk Talks about a New Type of School He Created for His Kids 2015>(2015년 11월 30일 베이징 텔레비전 방영)

p73
"사려 깊고 창의적이며 학문적으로 야심찬 학생들"
아스트라 노바 웹사이트 지원 페이지(2020년 12월 30일 확인)

참고 자료

1장 문화적 연결: 정체성을 지키다

Becker, Marc, editor. 『Indigenous and Afro-Ecuadorians Facing the Twenty-First Century』. Newcastle upon Tyne, UK: Cambridge Scholars Publishing, 2013.

De Carvalho, Daniela. 『Migrants and Identity in Japan and Brazil: The Nikkeijin』. London: RoutledgeCurzon, 2003.

Girnius, Saulius A. 「Bishop Motiejus Valancius, a Man for All Seasons」. Lituanus: Lithuanian Quarterly Journal of Arts and Science 2, vol. 22, no. 2, Summer 1976. Online.

González Terreros, María Isabel. 「Las escuelas clandestinas en Ecuador. Raíces de la educación indígena intercultural」. Revista Colombiana de Educación, no. 69, 2015, pp. 75-95. Online.

Kosminsky, Ethel V. 『An Ethnography of the Lives of Japanese and Japanese Brazilian Migrants: Childhood, Family, and Work』. Lanham, MD: Lexington Books, 2020.

2장 희망과 존엄: 노예 제도와 억압을 떨쳐 내다

Brand, Christo, and Barbara Jones. 『Mandela: My Prisoner, My Friend』. New York: Thomas Dunne Books, 2014.

Buntman, Fran Lisa. 『Robben Island and Prisoner Resistance to Apartheid』. New York: Cambridge University Press, 2003.

Goldman Rubin, Susan. 『Fireflies in the Dark: The Story of Fried Dicker-Brandeis and the Children of Terezin』. New York: Holiday House, 2000.

Jacobs Altman, Linda. 『Warsaw, Lodz, Vila: The Holocaust Ghettos』. Berkeley Heights, NJ: Enslow Publishers, 2015.

Williams, Heather Andrea. 『Self-Taught: African American Education in Slavery and Freedom』. Chapel Hill: University of North Carolina Press, 2005.

3장 여성의 권리: 성 평등을 위해 연대하다

Childress, Diana. 『Equal Rights Is Our Minimum Demand: The Women's Rights Movement in Iran,

2005』. Minneapolis: Twenty-First Century Books, 2011.
Lamb, Christina. 『The Sewing Circles of Herat: A Personal Voyage Through Afghanistan』. New York: HarperCollins Publishers, 2002.
Lifton, Betty Jean. 『The King of Children: The Life and Death of Janusz Korczak』. New York: Farrar, Straus and Giroux, 1988.
Sahimi, Muhammad. <Iranian Women and the Struggle for Democracy: 1. The Pre-Revolution Era>. PBS Frontline, April 15, 2010. Online.
Waldman, Amy. <A Nation Challenged: Culture; Afghan Poets Revive Literary Tradition>. New York Times, December 16, 2001. Online.

4장 첩보원 양성: 숨어들어 정찰하다
Camp-X official site. Accessed January 2, 2021. Online.
Elliott, Geoffrey, and Harold Shukman. 『Secret Classrooms: An Untold Story of the Cold War』. London: Faber & Faber, 2013. Kindle edition.
Myers, Steven Lee. 『The New Tsar: The Rise and Reign of Vladimir Putin』. New York: Vintage Books, 2016.
Pringle, Robert W. 「KGB」. Encyclopaedia Britannica. Accessed January 2, 2021. Online.
Stafford, David. 「Camp X」. The Canadian Encyclopedia, Historica Canada. February 7, 2006. Last modified August 1, 2018. Online.

5장 급진적 교육: 새로운 길로 나아가다
Beech, Hannah, and Muktita Suhartono. 「At a School for Suicide Bombers' Children, Dancing, Drawing and Deradicalization」. New York Times, October 18, 2019. Online.
Harris, Mark. 「First Space, Then Auto-Now Elon Musk Quietly Tinkers with Education」. Ars Technica, June 25, 2018. Online.
Park, Mi. 『Democracy and Social Change: A History of South Korean Student Movements, 1980-2000』. Bern, Switzerland: Peter Lang, 2008.
「Victims and Perpetrators': Rehabilitating Indonesia's Child Bombers」. Agence France-Presse, July 12, 2019. Online.

남몰래 세상을 바꾼 용기
비밀 학교

1판 1쇄 2023년 7월 5일

지 은 이 헤더 캠로트
그 린 이 에린 타니구치
옮 긴 이 신소희

발 행 인 주정관
발 행 처 북스토리㈜
주   소 서울특별시 마포구 양화로 7길 6-16
         서교제일빌딩 201호
대표전화 02-332-5281
팩시밀리 02-332-5283
출판등록 1999년 8월 18일(제22-1610호)
홈페이지 www.ebookstory.co.kr
이 메 일 bookstory@naver.com

ISBN 979-11-5564-295-5 73370

※잘못된 책은 바꾸어드립니다.